Weil du *Katzen* liebst

Ein ganz persönliches Album

Herausgegeben von
Helen Exley

Pattloch

Ein Morgenkuss,
eine dezente Berührung mit seiner Nase
irgendwo mitten in meinem Gesicht.
Weil seine langen weißen
Schnurrhaare kitzelten,
begann ich jeden Tag mit einem Lachen.

JANET F. FAURE

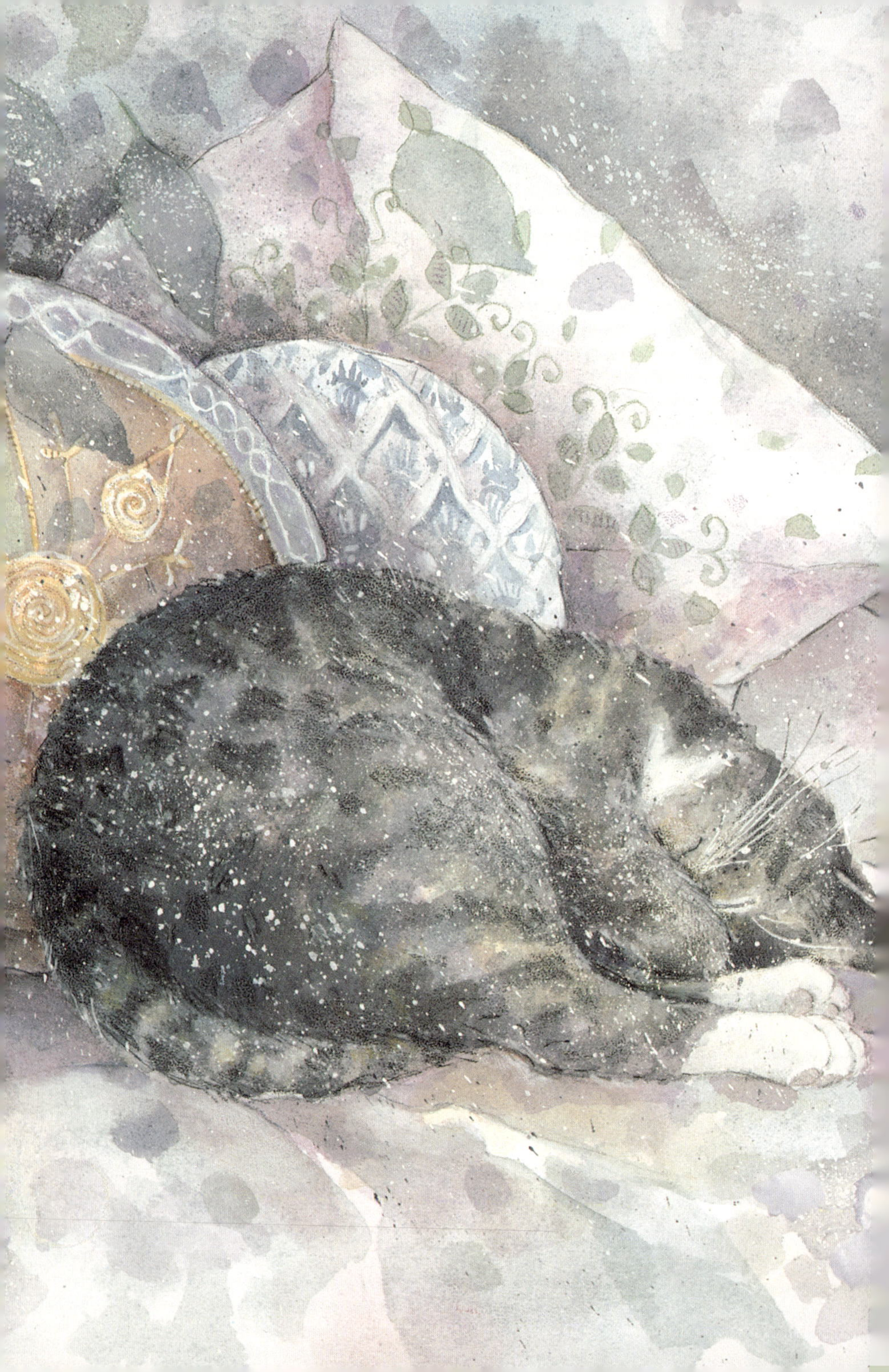

Er liegt da, schnurrend und träumend,
bewegt hin und wieder seine Glieder in der Ekstase
gepolsterten Komforts. Er scheint die Verkörperung
des Weichen, Seidigen und Samtigen zu sein,
ohne harte Kante in seiner Gestalt, ein Träumer,
dessen Philosophie lautet: schlafen und schlafen lassen.

SAKI

Ich lege mein Buch
„Die Bedeutung von Zen"
nieder und sehe,
wie die Katze in ihr Fell
lächelt, während sie es
vorsichtig mit ihrer rauen
rosa Zunge putzt.
„Katze, ich würde dir gerne
dieses Buch zu lesen geben,
doch es sieht so aus, als ob du
es bereits gelesen hast."
Sie schaut auf und blickt mir
direkt in die Augen.
„Sei nicht dumm," schnurrt sie,
„ich habe es geschrieben."

DILYS LAING

Gesegnet seien ihre kleinen spitzen Gesichter
und ihre großen, treuen Herzen.
Wenn eine Katze nicht hin und wieder mit der Pfote
auf den Tisch hauen würde, wie könnte sie dann weiter
über ihren Menschen verfügen?

WINIFRED CARRIÈRE

Katzen als Gattung haben die Hochnäsigkeit nie ganz abgelegt, die vom alten Ägypten herrührt, wo sie als Götter verehrt wurden.

P. G. WODEHOUSE

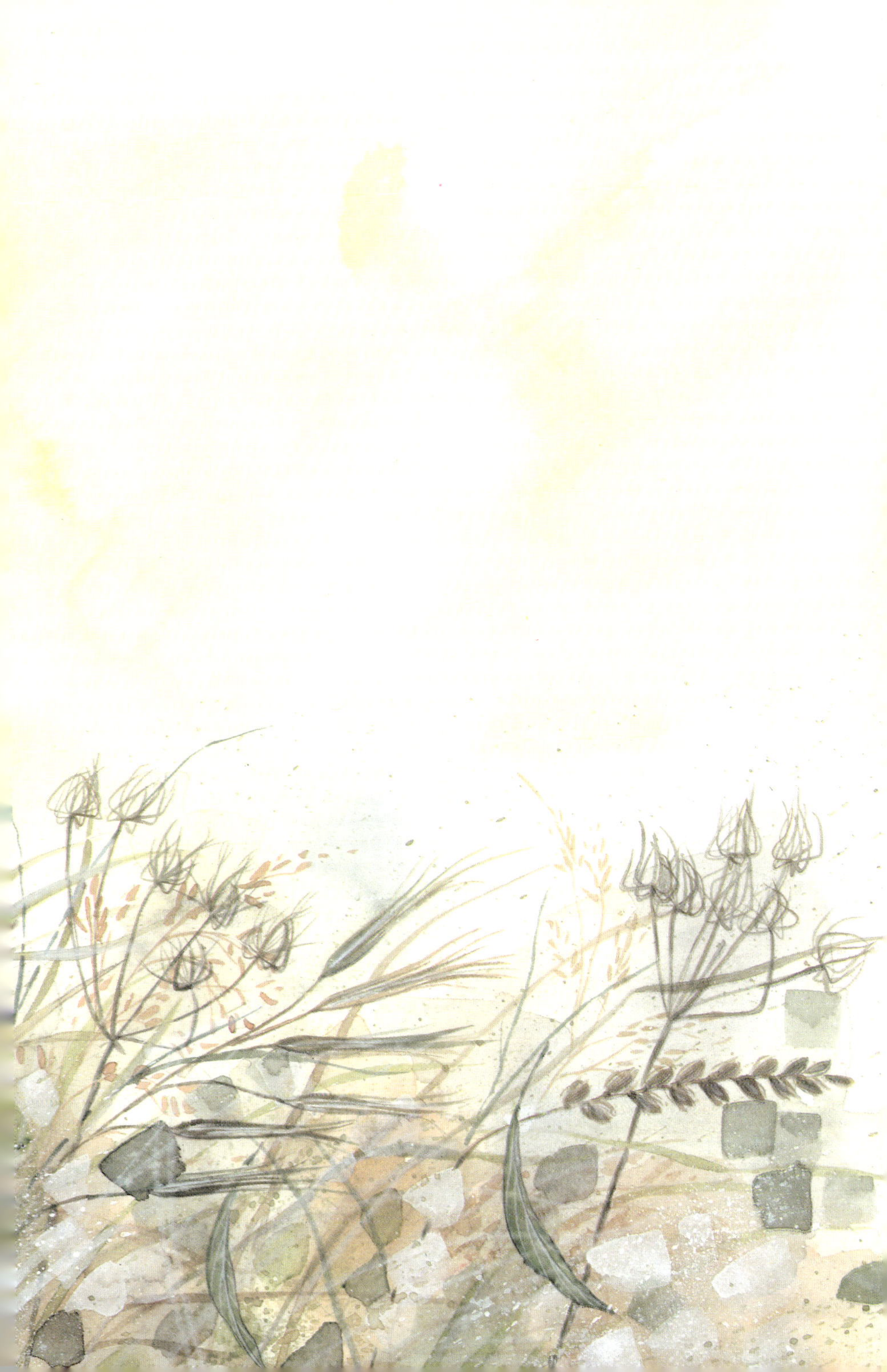

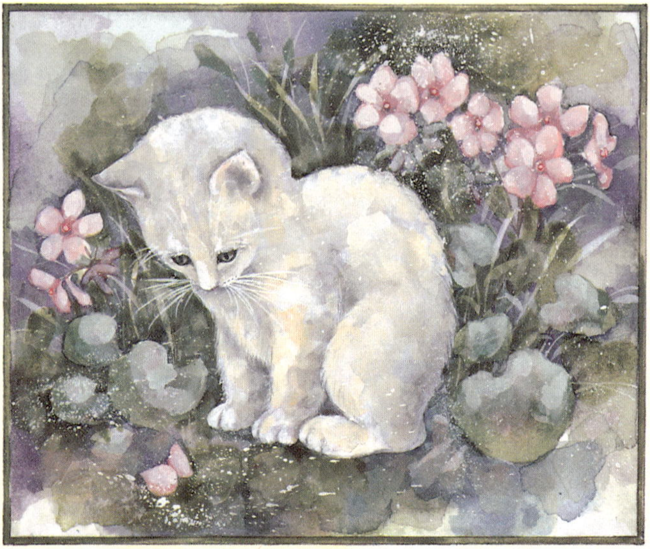

Ein Kätzchen ist so beweglich,
dass es schon fast zwei verschiedene Katzen sind;
das Hinterteil ist ein anderes Kätzchen,
mit dem das Vorderteil spielt.
Das Kätzchen entdeckt erst,
dass sein Schwanz zu ihm gehört,
wenn jemand darauf steigt.

HENRY DAVID THOREAU

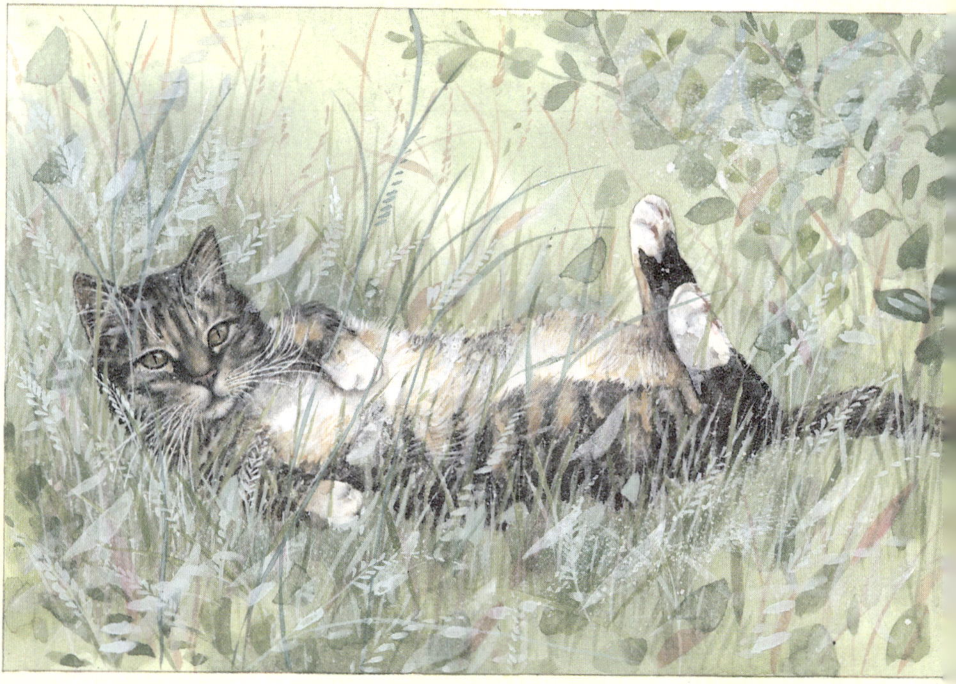

Ich glaube die Katzenfreunde unter uns bewundern
Katzen aus dem Grund, weil sie uns immer eine Nasenlänge
voraus sind. Sie scheinen immer zu gewinnen,
egal was sie tun – oder zu tun vorgeben.

BARBARA WEBSTER

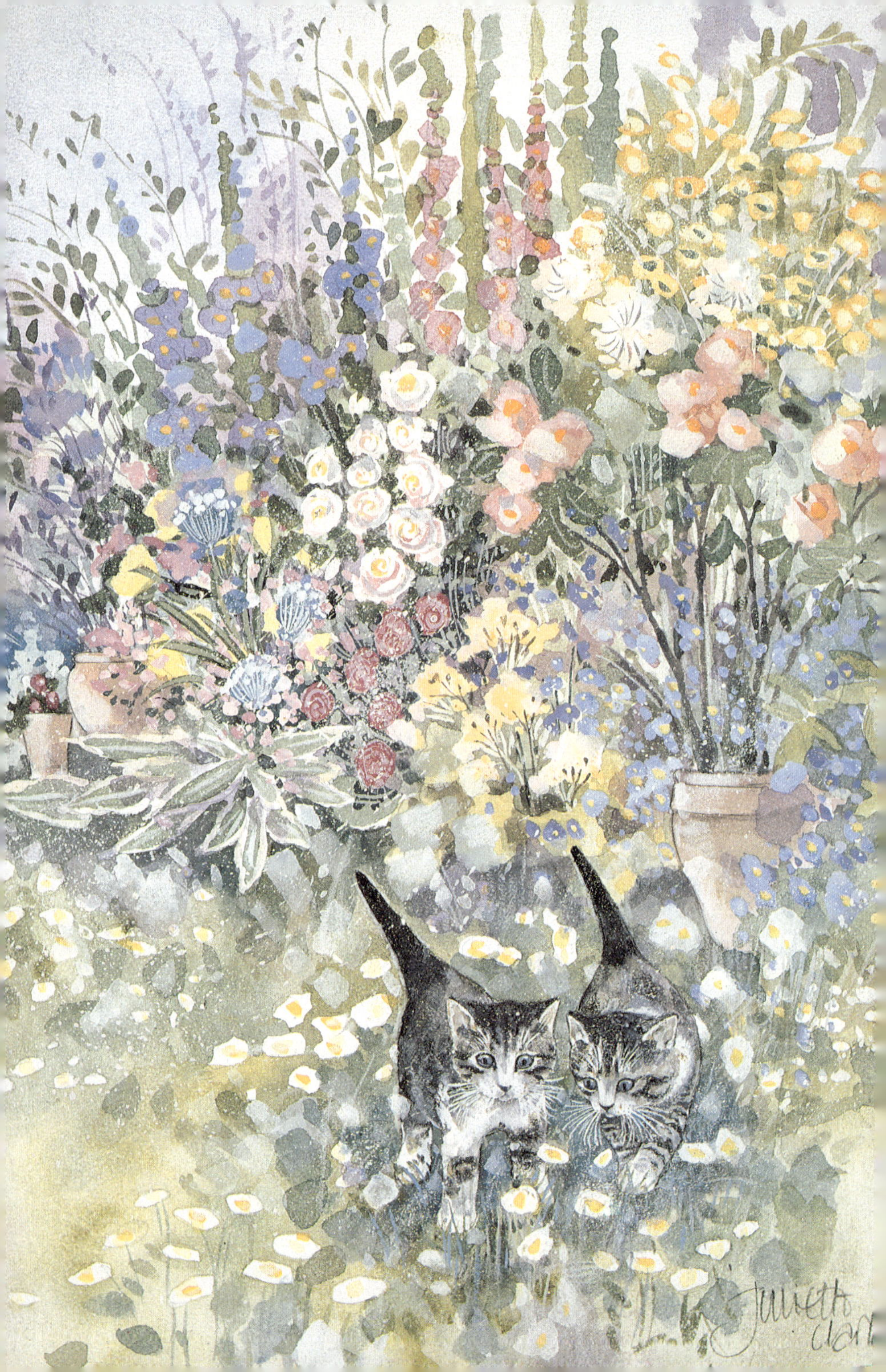

*Sie brachten den Kindern bei,
stets gütig zu kleineren, schwächeren Wesen zu sein.
Doch meistens waren sie einfach nur da:
warmer Atem, flauschiges Leben, scharfe Intelligenz,
voll Optimismus und Vertrauen …*

NANCY THAYER

Eine einzige kleine Katze macht das Heimkommen
in ein leeres Haus zu einem *Heim*kommen.

PAM BROWN

Mein edler Freund, ich bitte sehr:
Komm doch her,
Sitz neben mir und schau mich dann
Mit deinen lieben Augen an,
Mit Augen voller Glanz und Gold;
Dein Blick, er ist so treu und hold.

Dein wundervolles weiches Fell,
Schwarz und hell,
So seidig, üppig, voller Pracht,
Wie Wolkenhimmel in der Nacht
Belohnt die Hand, die dich liebkost,
Mit freundlicherem Glück und Trost.

ALGERNON CHARLES SWINBURNE

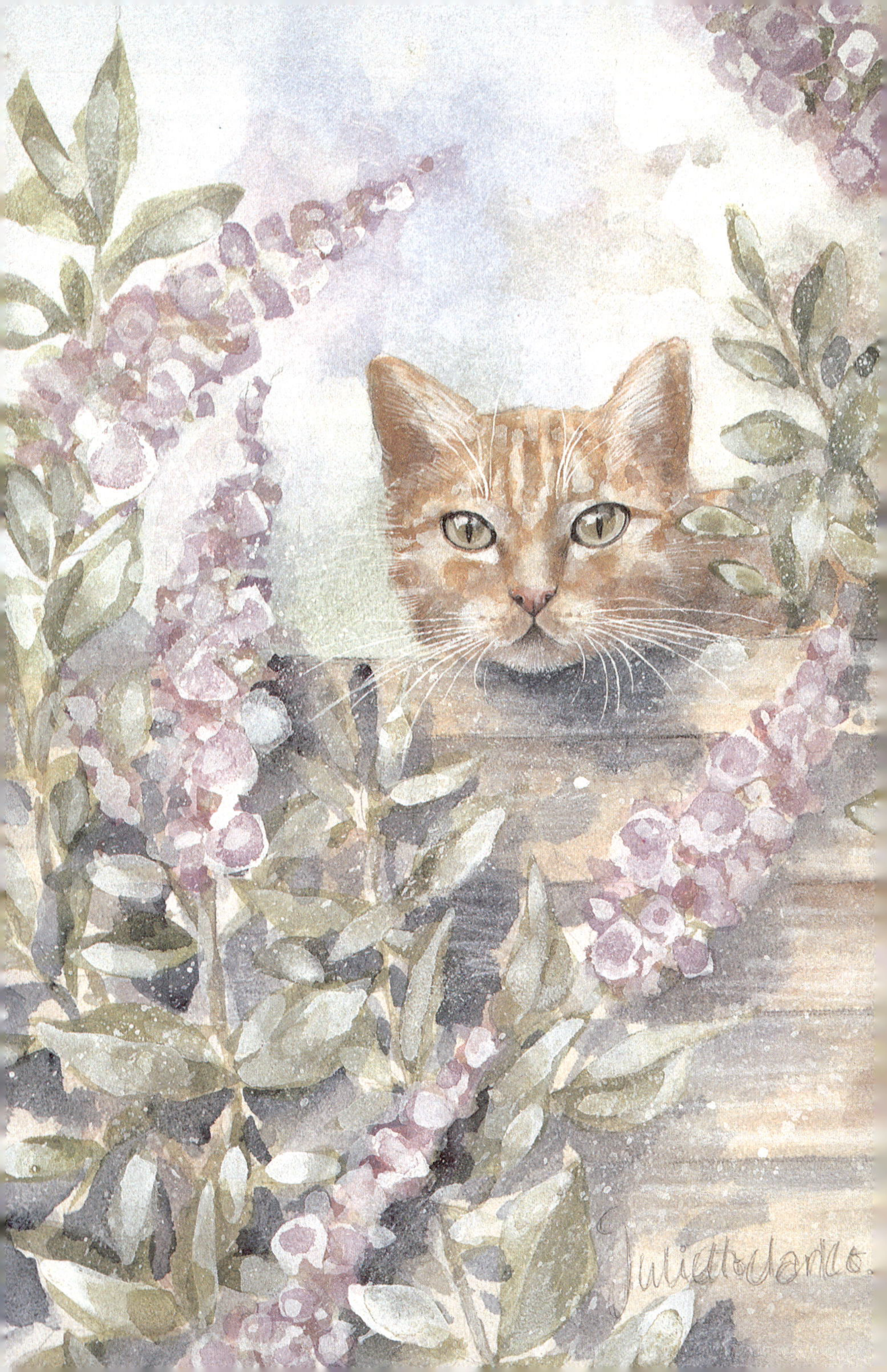

Er war sehr herrisch; sehr bestimmt und autokratisch in seinen Anforderungen. Er brauchte wirklich einen Vasallen, der ihm allein zu Diensten war …

MARGUERITE STEEN

… Katzen verstehen es, sich bei ihren Besitzern einzuschmeicheln, und zwar nicht nur durch ihr „kätzchenhaftes" Benehmen, das starke Muttergefühle weckt, sondern auch durch ihre wahre Anmut.
Sie haben eine Eleganz und eine Beherrschung an sich, die uns Menschen fasziniert. Für einen empfindsamen Menschen ist es ein Privileg, im selben Raum wie eine Katze sein zu dürfen, ihren Blick zu erwidern, zu spüren, wie sie sich zur Begrüßung an unseren Beinen reibt, oder zu beobachten, wie sie sich auf einem weichen Kissen vorsichtig zu einer dösenden Kugel zusammenrollt.

DESMOND MORRIS
AUS „CATWATCHING"

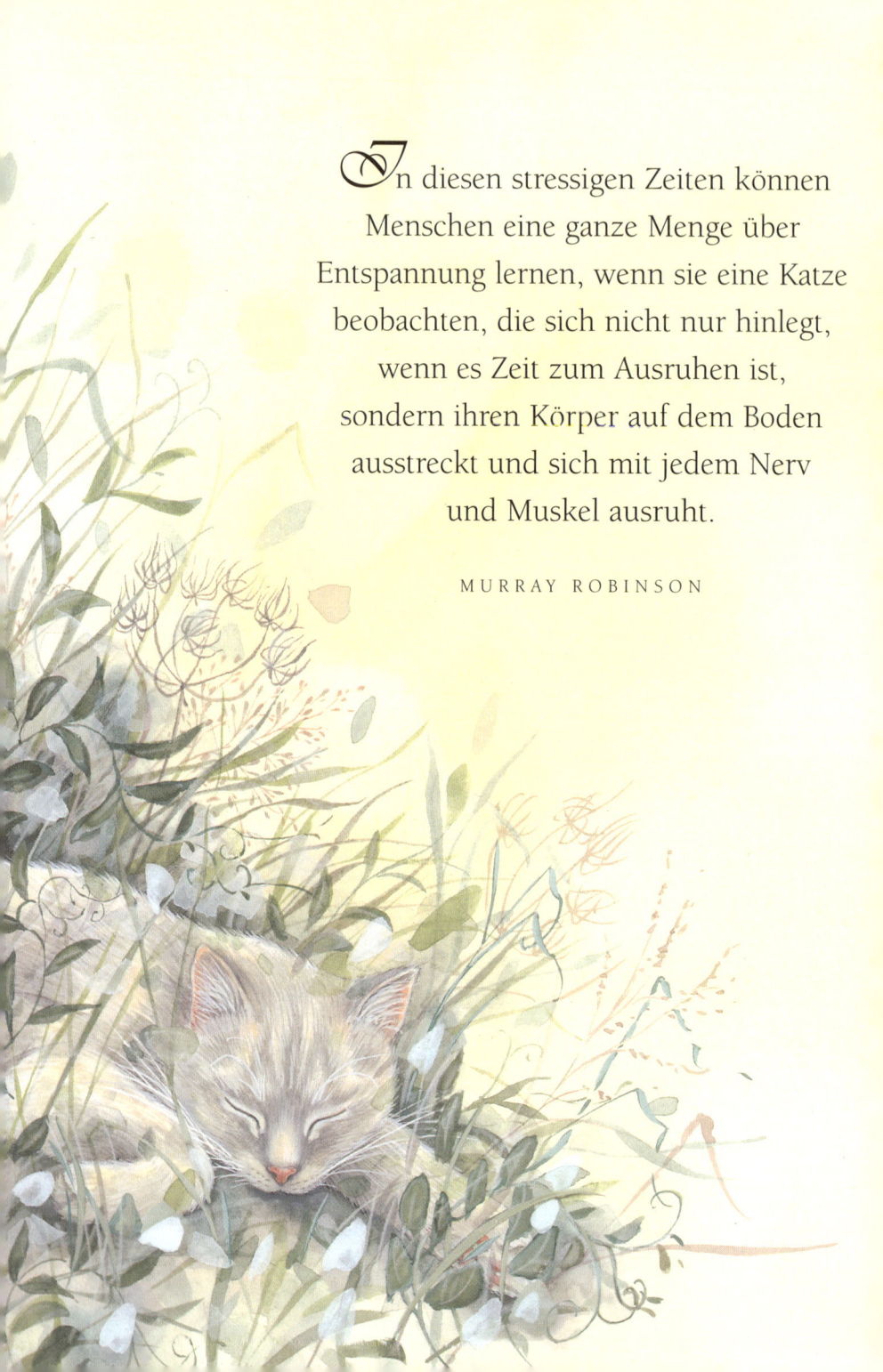

In diesen stressigen Zeiten können
Menschen eine ganze Menge über
Entspannung lernen, wenn sie eine Katze
beobachten, die sich nicht nur hinlegt,
wenn es Zeit zum Ausruhen ist,
sondern ihren Körper auf dem Boden
ausstreckt und sich mit jedem Nerv
und Muskel ausruht.

MURRAY ROBINSON

Die kleinste Katze ist ein Meisterwerk.

LEONARDO DA VINCI

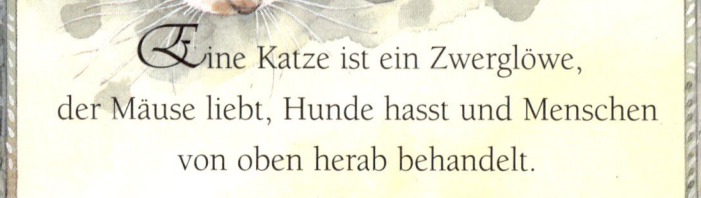

𝓔ine Katze ist ein Zwerglöwe,
der Mäuse liebt, Hunde hasst und Menschen
von oben herab behandelt.

OLIVER HERFORD

𝓓ie Liebe der Menschen zu Katzen ist
ebenso stark wie die Liebe der Menschen
zu anderen Menschen. Denn obwohl wir
verschiedenen Arten angehören, beruht
unsere Beziehung auf Gleichberechtigung –
wenn man annimmt, dass Menschen und
Katzen gleich sein können. Nicht alle Katzen
glauben das. Manche bringen es ziemlich
deutlich zum Ausdruck, dass Menschen in
ihren Augen nur nette Haustiere sind.

CELIA HADDON

… wenn sie lief … machte sie sich lang und dünn
wie ein kleiner Tiger und erhob ihren Kopf,
so dass sie über das Gras hinweg blicken konnte,
als ob sie den Dschungel durchstreifte.

SARAH ORNE JEWETT

Der große Charme der Katzen
liegt in ihrem ungezügelten Egoismus
ihrer Nach-mir-die-Sintflut-Einstellung
gegenüber jeglicher Verantwortung
ihrer Weigerung, sich ihren
Lebensunterhalt zu verdienen ..
Katzen verachten alles außer
ihre eigenen unmittelbaren Interessen ..

ROBERTSON DAVIE

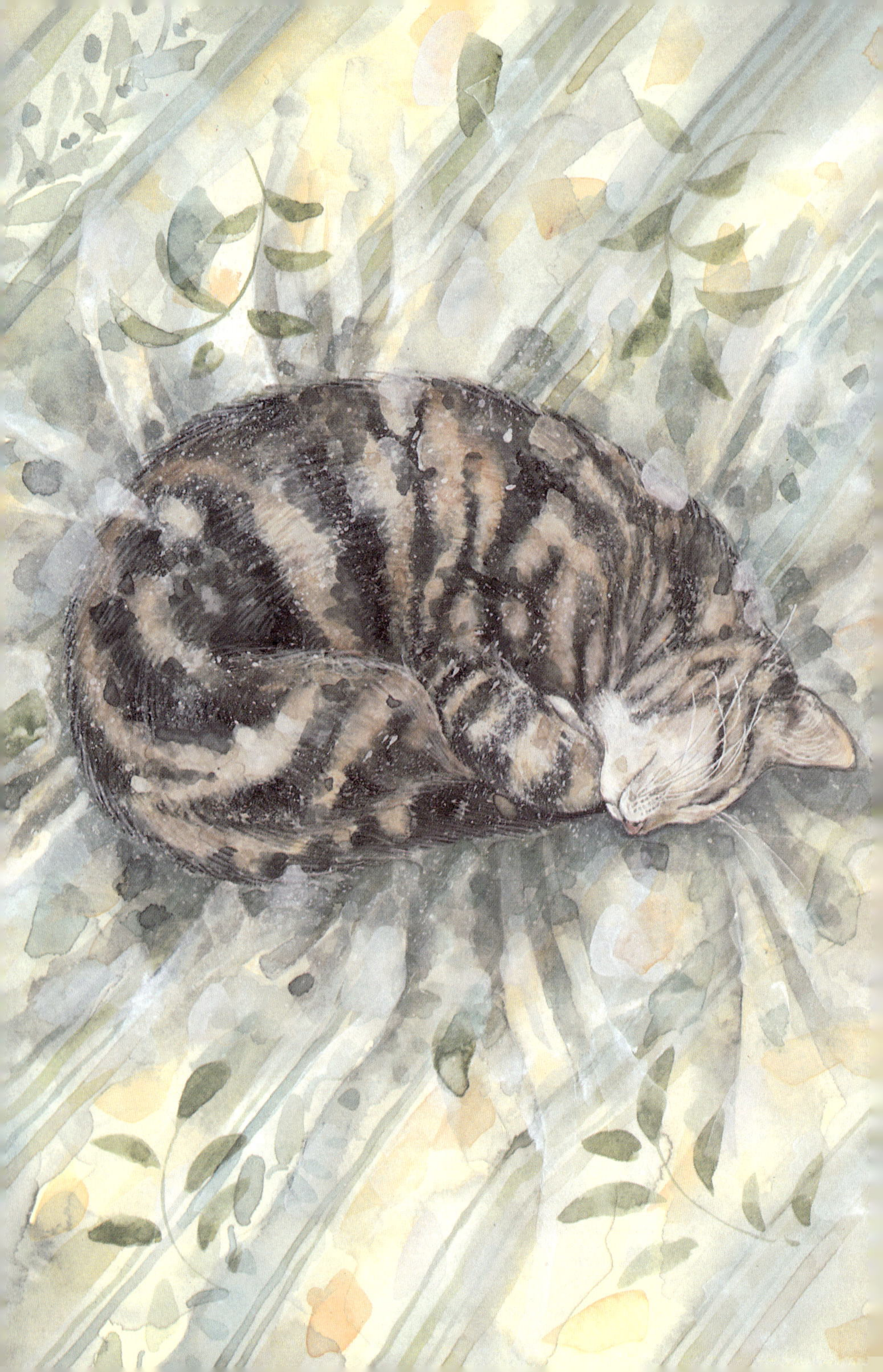

Es ist nicht zu bestreiten, dass Katzen
von königlichem Geblüt sind.
Anders als wir Menschen führen sie nicht eine Zeit lang
das vulgäre Leben der Neureichen,
sondern nehmen das Luxusleben sofort
mit eleganter Gelassenheit an.

VIVIAN CRISTOL

… Sie sind erstaunliche Tiere;
sie sind anders als alle anderen –
sie sind sehr gut für Menschen, die leicht erregbar sind
oder Herzprobleme oder einen hohen Blutdruck haben.
Ihre Gegenwart wirkt so wunderbar beruhigend
und sie sind sehr, sehr friedlich.

BERYL REID

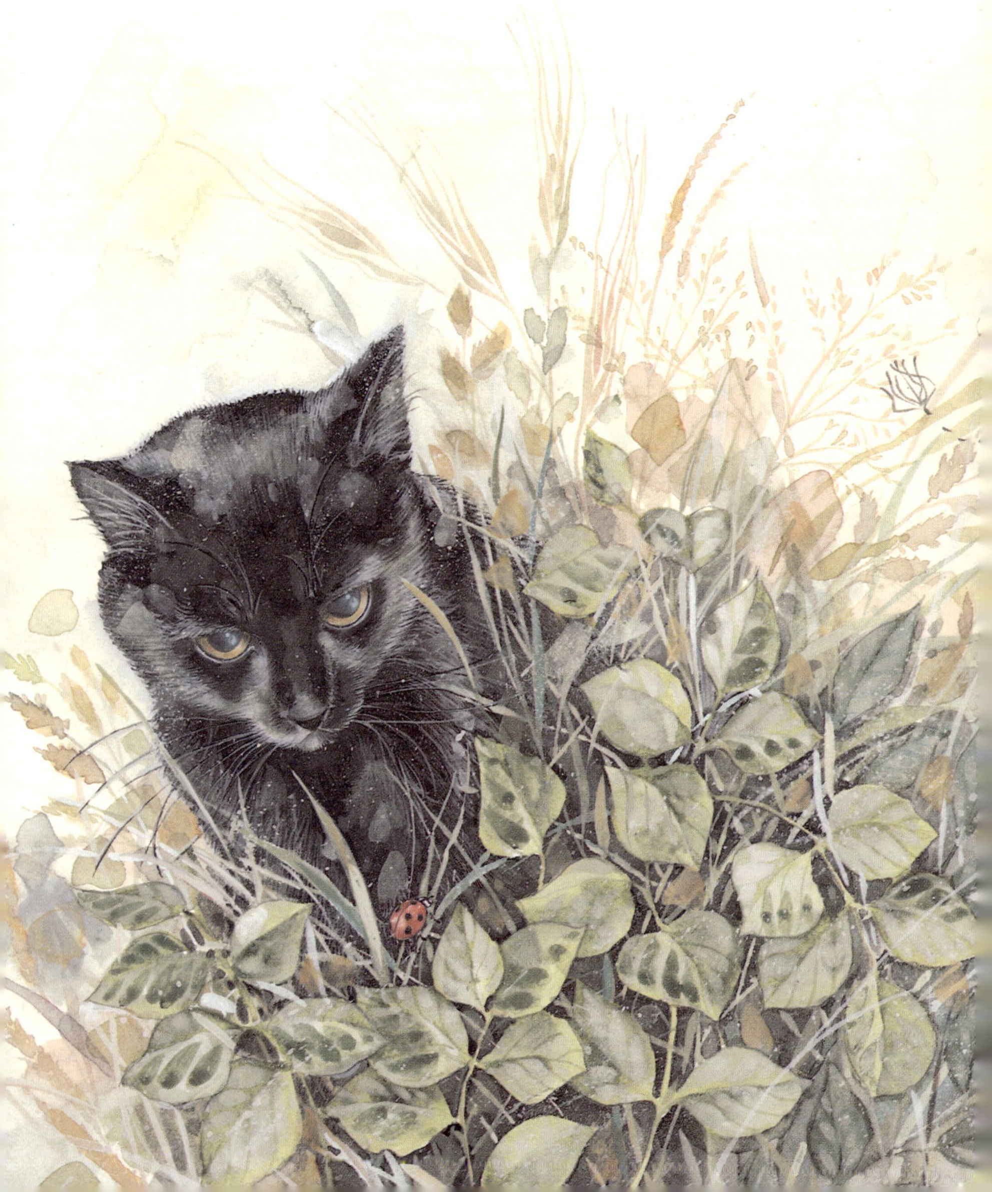

Eine Katze ist ein Löwe
in einem Dschungel kleiner Büsche.

INDISCHES SPRICHWORT

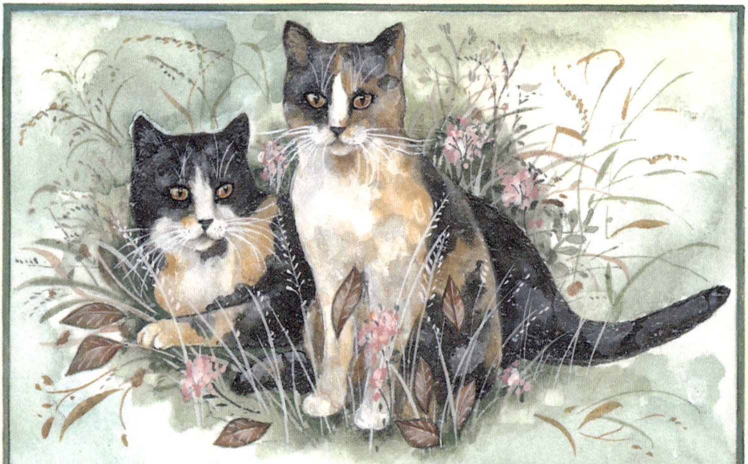

Ein Katzenliebhaber kann seine aufmerksamen
und kritischen kleinen Freunde unmöglich aufgeben,
denn sie geben uns gerade so viel von ihrer Wertschätzung
und Folgsamkeit, dass wir uns nach mehr sehnen.

AGNES REPPLIER

Abuherriras Katze hier
knurrt um den Herrn und schmeichelt:
Denn immer ist's ein heilig Tier,
das der Prophet gestreichelt.

JOHANN WOLFGANG VON GOETHE

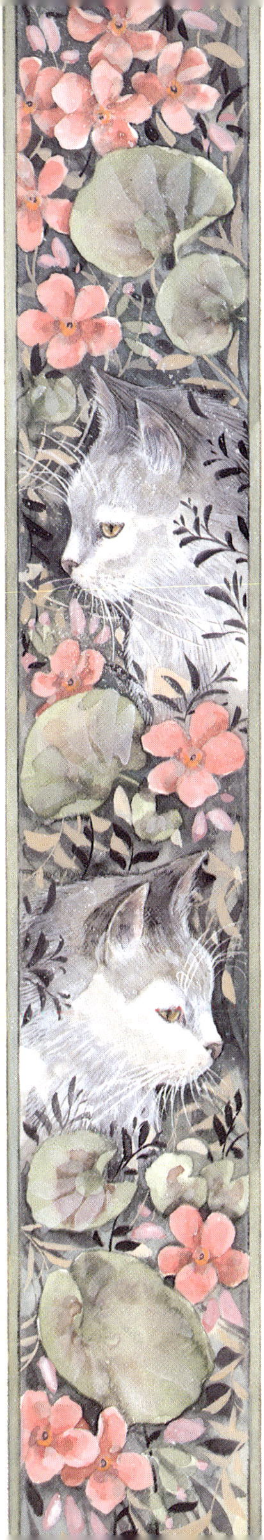

Alle Familien mit Katzen haben festgestellt, dass Katzen wirklich Katalysatoren sind – sie beschwichtigen die Launen de Menschen und ändern spürbar die Stimmung und Atmosphäre in jedem Zimmer, in dem sie sich aufhalten. Sie leisten einen unermesslichen Beitrag zum Leben unzähliger Menschen, für die sie Freunde und Vertraute sind.

MARTYN LEWIS

Katzen füllen alle leeren Stellen in der Welt der Menschen Die bequemen Stellen.

MARION C. GARRETTY

Ein Kätzchen ist
eine tödliche Waffe,
verkleidet als süßes,
fröhliches Fellbündel.

STUART UND
LINDA MACFARLANE

Du kannst keine schlafende Katze anschauen und dich angespannt fühlen.

JANE PAULEY

Hunde kommen, wenn man sie ruft.
Katzen nehmen deine Nachricht zur Kenntnis
und kommen später darauf zurück.

MARY BLY

… wer zeit seines Lebens gleichgültig gegenüber der
Schönheit, Eleganz, Genialität, Intelligenz und der Zuneigung
einer Katze ist – ein solcher Mensch ist ebenso arm
wie jemand, der im Sommer einen Feldweg entlang geht
und die Blumen in der Hecke nicht sieht,
den Gesang der Vögel, das Summen der Insekten und das
Rascheln der Blätter im Wind nicht hört.

ELIZABETH HAMILTON

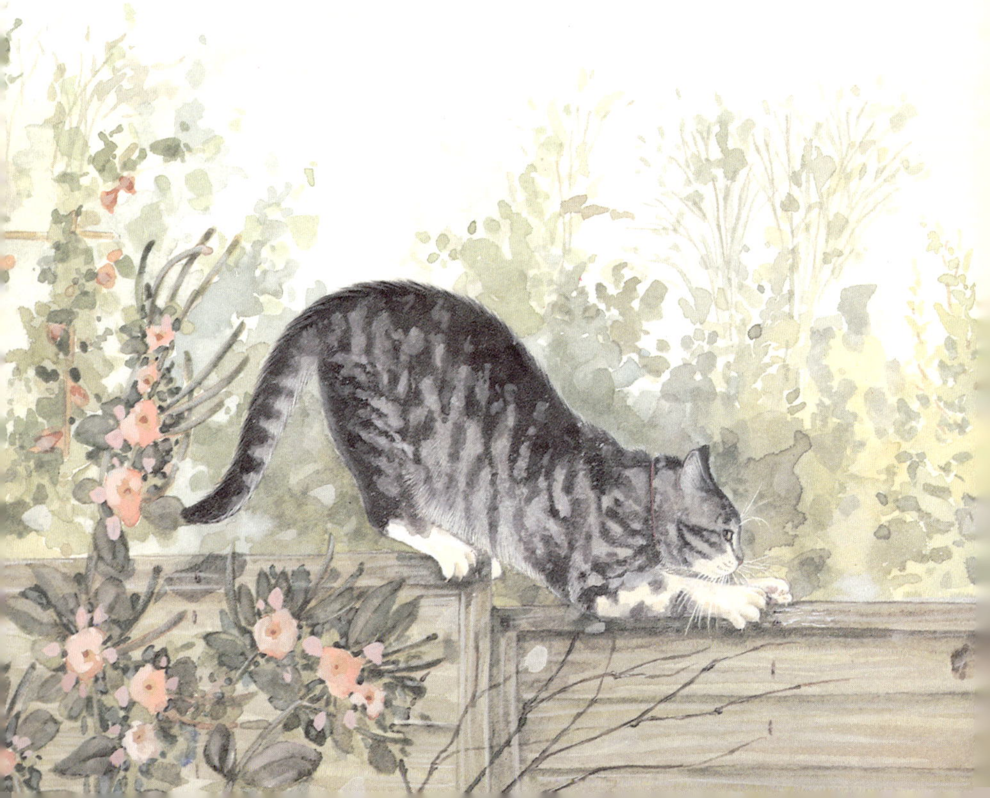

Nur wenige Menschen haben die Gelegenheit,
ein wildes Tier zum Freund zu haben.
Außer unsere Katzen.

MARION C. GARRETTY

Es läuft mir immer ein Schauer über den Rücken,
wenn ich sehe, wie eine Katze etwas sieht,
das ich nicht sehe.

ELEANOR FARJEON

Katzen liegen
immer weich.

THEOKRIT

Ein Hund hat ein Herrchen
oder ein Frauchen, eine Katze hat Personal.

VERFASSER UNBEKANNT

Eine Katze springt nicht an dir hoch,
schleckt dein Gesicht ab
oder rennt wie verrückt um dich herum
und gibt dabei hysterische Laute von sich.
Sie erwartet dich an der Tür,
lehnt sich sanft gegen deine Beine
und strahlt zurück.

PAM BROWN

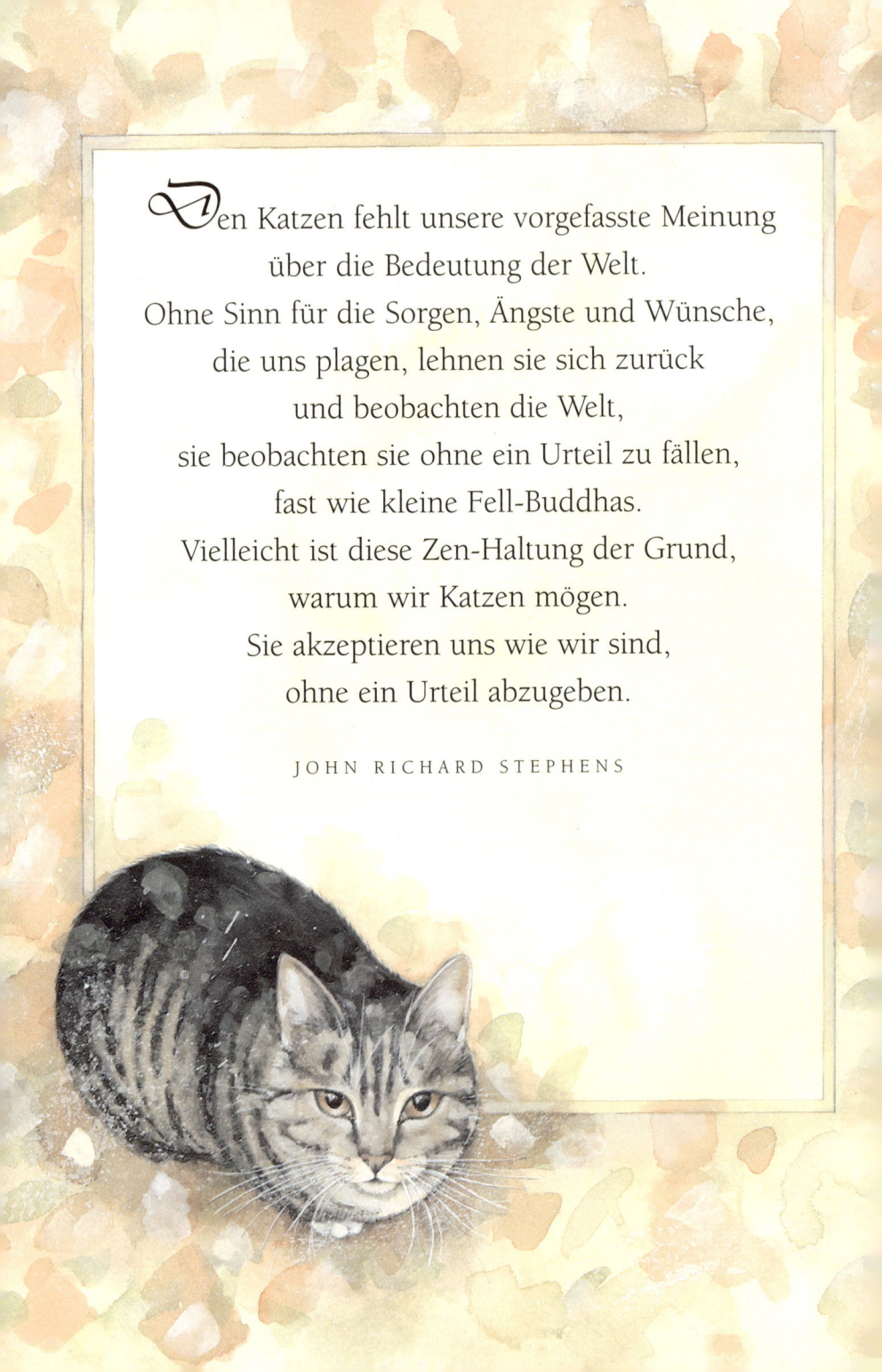

Den Katzen fehlt unsere vorgefasste Meinung
über die Bedeutung der Welt.
Ohne Sinn für die Sorgen, Ängste und Wünsche,
die uns plagen, lehnen sie sich zurück
und beobachten die Welt,
sie beobachten sie ohne ein Urteil zu fällen,
fast wie kleine Fell-Buddhas.
Vielleicht ist diese Zen-Haltung der Grund,
warum wir Katzen mögen.
Sie akzeptieren uns wie wir sind,
ohne ein Urteil abzugeben.

JOHN RICHARD STEPHENS

… sie ist ein Mittel,
an dem Kinder Güte lernen können.
Ohne sie
ist kein Haus vollständig.

CHRISTOPHER SMART

Die französische Romanautorin Colette war eine überzeugte Katzenfreundin. Als sie in Amerika war, sah sie eine Katze… Sie ging zu ihr hin und sprach mit ihr und die beiden maunzten sich eine Minute lang freundlich an. Dann wandte sich Colette an ihren Begleiter und sagte: „Enfin! Quelqu'un qui parle français!" (Endlich jemand, der Französisch kann!).

VERFASSER UNBEKANNT

Menschen mögen Katzen,
weil sie all das sind, was wir nicht sind –
unabhängig, stets elegant, entspannt,
selbstsicher, glücklich über
Gesellschaft – und dennoch
haben sie ein geheimes Leben.

PAM BROWN

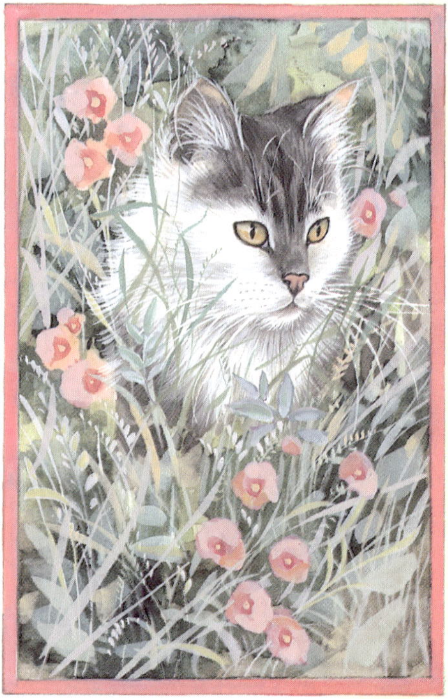

Manchmal sitzt sie vor dir, mit Augen,
die so sehr unsere Herzen erweichen,
liebkosen und so menschlich sind,
dass sie dir fast Angst machen,
denn es ist unmöglich zu glauben,
dass sie keine Seele habe.

THEOPHILE GAUTIER

Die hochnäsige, die unbezwungene, die geheimnisvolle,
die luxuriöse, die babylonische, die unpersönliche,
die ewige Gefährtin der Überlegenheit und der Kunst –
die perfekte Schönheit und die Schwester der Poesie –
die höfliche, würdevolle, begabte und vornehme Katze.

H. P. LOVECRAFT